Geiriau Cyntaf

Cywion Bach

S4C Cyw

y lolfa

Mae'r llyfr wedi ei seilio
ar y gyfres Cywion Bach
gan Boom Plant i S4C.

Argraffiad cyntaf: 2023

Lluniau:
Bait a Debbie Thomas

Rhif llyfr rhyngwladol:
ISBN: 978 1 80099 358 7

Dymuna'r cyhoeddwr gydnabod cymorth ariannol Cyngor Llyfrau Cymru a chydweithrediad S4C, Boom Plant a Bait (Rhan o Boom Cymru).

Cyhoeddwyd ac argraffwyd yng Nghymru gan
Y Lolfa Cyf., Talybont, Ceredigion, SY24 5HE
e-bost: ylolfa@ylolfa.com
y we: www.ylolfa.com
ffôn: 01970 832304
ffacs: 01970 83278

Llyfr Geiriau Cyntaf

Dillad

het

welis

côt

sanau

Amser bwyd

afal

caws

diod

banana

Tu allan

pêl

blodyn

pili-pala

haul

Cerbydau

car

trên

cwch

tractor

Anifeiliaid

ci

wff

wff

mee
mee

dafad

mochyn

buwch

Amser gwely

tedi

gwely

llyfr

doli

Welsh	Pronunciation	Welsh	Pronunciation
het	het	welis	well-ees
côt	caught	sanau	san-i
afal	a-val	caws	cow-s
diod	dee-od	banana	ban-ana
pêl	pale	blodyn	blo-din
pili-pala	pill-ee pall-ah	haul	high-l
car	kar	trên	trane
cwch	koo-ch	tractor	track-tor
ci	kee	dafad	dav-ad
mochyn	moch-in	buwch	bee-ooch
tedi	teddy	gwely	g-well-ee
llyfr	llyh-vr	doli	dolly

- 'ch' is pronounced as in 'loch'
- 'll' is a cross between an 'l' and a 's' sound (as in 'Llanelli')
- 'c' is always a hard 'k' sound
- 'g' is always a hard 'g' sound